오늘아침

문득 떠나고 싶은 그대에게
매일아침 #사진일기

오늘아침 이야기

세상의 첫 아침을 맞는 아기의 눈동자처럼
물빛에 반사 되어 반짝이는 윤슬처럼
옅은 안개 낀 숲 속에 퍼지는 은은한 햇살처럼
밤하늘 길을 밝혀 주는 작은별처럼
모든 날들의 아침이
그렇게 빛났음을

오.늘.아.침.
문득 떠나고 싶은 그대에게 보냅니다

Chapter 1

#세계의 아침을 만나다

#오늘아침 *in Czech*

2015/12 체코 프라하

매일매일 내게 온 아침
그것은 언제나 일상이였다
그 아침의 사색들

오늘아침은
그렇게 시작되었다

눈 부신 아침
창을 열면 새로운 하루가 시작된다

오늘은 어떤 하루일까?
어떻게 만들어 갈까?

기대와 설렘일 때도 있고
때론 무기력한 마음에
하루를 시작하는 것이
힘겨울때도 있다

셀렘 가득 기분 좋은 날에도
눈 뜨기 조차 힘든 날에도

오늘아침은
찬란하게 왔다 지나간 것을

2015/12 프라하 카를교

유럽으로 도망쳐 와도
한해의 마지막은 그렇게 다가왔다
또
한해가 가는건가?
내 청춘은 아직도 시작인데

2015/12 체스키 크롬로프

똑같이 반복되는 1년 365일
똑같이 반복되는 일주일 월화수목금토일
똑같이 반복되는 하루 24시간
#그러나 똑같은 날은 단 한순간도 없었다

2012/12 프라하 몰다우

프라하를 꿈꾸게 되고

'언젠가 때가 되면 나는 프라하를 갈 것이고
카를교에서 몰다우강의 물결을 바라보며
밀란 쿤데라를 생각할 것이다'는 꿈을 꾸었다

그 꿈은 기적처럼 내게로 다가왔고
나는 프라하에 서 있다

몰다우를 바라보며
물살이 힘차게 흐르는 모습에 감탄하고
백조들의 한가로운 모습에
잔잔한 미소를 보내고

익숙하지 않은 슬라브족의
아름다운 연인들에게 애정의 눈길을 보낸다
그렇게 넓어지고, 그렇게 깊어지고
또 다른 꿈을 꾸는 나를 발견하고 있다

시차에 대하여

낯선 땅에서 느끼는 피로를 우리는 흔히 시차라 한다
유럽을 다녀오고 혹독하게 시차를 경험했다
동화속 같은 그곳에서 몸은 돌아 왔지만
마음은 아직도 그곳에 두고온 듯
오랫동안 잠을 이루지 못했다

우리 사이의 시차는 언제쯤 없어질까!

────────── 2015/12 프라하 카를교

프라하의 봄
을 생각하며
스메타나의
<나의조국>중
'몰다우'를 듣는 행복

#오늘아침 *in Hungary*

2015/12 티하니 마을

티하니마을

마을 전체가 국립공원인 아름다운 곳
보라색 라벤더가 집집마다 즐려
아름다운 향기가 나는 마을

작은 마을 담장에 걸린 도자기 장식들이
지나가는 여행객의 발걸음을 사로잡는다
그 파란색이 어찌나 예뻤는지
고즈넉한 시골마을을 걷는 시간은 최고의 선물

#오늘아침 *in Austria*

2015/12 오스트리아 빈

누군가를 위해

꽃을 고르고
한다발 안고
설레는 맘으로 거리를 걷는다

그들처럼
12월 31일 자정이 되면
와인을 마시고
그 잔을 바닥에 던져 깨뜨리고
키스를 하며
새해를 맞을 것이다

2015/12 짤쯔부르크

동지

일년 중 밤이 가장 긴 동지
그래서 동지 무렵에는 밤을 좋아하는
마귀나 귀신들이 많이 돌아다닌다고 한다
이들은 시끄러운 소리를 싫어한다고 하는데

오스트리아 짤쯔부르크 거리에서
우연히 만난 귀신축제

무섭게 분장한 마귀들이 돌아다니며
사람들에게 검은 숯칠을 하고
깡통을 두드리며 악귀를 물리치는 의식을 한다

여행자로서 그들속에 묻혀 무섭기도 했지만
새로운 문화를 경험한 즐거운 시간

지금도 크리스마스 시즌이 되면
유럽의 거리풍경이 떠 오른다

오늘아침 *in Slovenia*

알프스의 눈동자 블레드 호수

같은 곳을 바라보는 것
같은 꿈을 꾸는 것
사랑
언제나 사랑

오늘아침 *in Croatia*

사랑으로 묶다

17세기
프랑스군의 용병으로 참전한 크로아티아 군사들
그들은 터키 전투에서 승리한 후
붉은천을 목에 두르고 행진을 했다
이것을 본 루이14세가 따라하면서
파리에 유행하게 되었다는 넥타이의 유례

사랑하는 아들과 남편이
전쟁에서 무사하게 돌아오기를 바라는 마음으로
아내와 엄마들이 목에 둘러 준 것이었다

사랑은 그런 것
서로 기억할 수 있는 그 무엇
그 하나만 있으면 충분한 것

2015/12 크로아티아

#오늘아침 *in Japan*

음악은 만국 공통어다
알아듣지 못해도 함께 즐길 수 있는 것
낯 선 골목 어딘가에서 흘러나오는 음악에 빠져
정신없이 따라 들어간다

여행한다는 것이 그런것인가 보다
평소에 들리지 않던 노래도 귀에 들리고
함께 흥얼거리며 어울릴 수 있는 유쾌함

평소 보이지 않던 하늘빛, 물빛, 작은 들꽃까지도
자세히 볼 수 있는 여유
스쳐 지나가는 모든 이들이
사랑스럽게 보이는 관대함까지
그리하여 넓어지고 깊어지고

오늘도 조금 더 성숙해져 가고 있는 나

2013/12 오늘아침 후크오카

2015/3 오늘아침 유후인

긴린코 호수가 아름다운 유후인

토닥토닥 빗방울 소리가 들리면
혼자 지새우던 긴린코 호수의 그 밤이 생각난다

약간의 무서움과 약간의 서늘함은
어디서 오는 것일까?
단지 낯설다는 것 때문만은 아니었다

한 차례 폭풍이 지나간 자리에
흩어져 날리던 꽃들의 잔해들과
뒤집힌 채 날려가 버린 우산들
외로이 바람과 맞서던 나

그 깊은 외로움이
어두운 공간 속으로 스멀스멀 스며 들어 오면
내 모든 촉수들이 긴장을 하고 돌파구를 찾는다

나뭇잎이 뒹구는 소리에도 예민해 지고
조그마한 불빛에도 눈동자가 커진다
비로소 살아있는 나를 느낀다

여기는 타국이고, 밤비가 내리고 있다

언제나 그리움

누군가를 그리워 하나 보다

그리움은 시공간을 초월하여 너에게로 달려 간다

잠시 동안 마음은 멀리 국경을 넘어 다녀 온다

이 순간 함께이고 싶은 그대에게로

그리움이 마음에 있음이 다행이다

다시 꿈꾸는 유후인

비바람이 밤새 만든 풍경

유후인

후쿠오카 하카타역에서 유후인노모리를 타고 두 시간 좀 넘게 달려 도착한 작은 시골역

사람들은 문득 문득 추억 속에 빠져 들곤 한다

오늘처럼 비가 오는 날이나

바람에 흔들리는 나뭇잎의 속삭이는 소리를 듣거나

좋아하는 음악이 흐르거나

커피향이 좋을 때도

하늘이 푸를 때도

지나가는 기차를 볼 때도

그리고 우연히 사진 한 장을 보아도

숨어 있던 "기억"이라는 공간 속으로 이동을 하여

헤어 나오지 못할 때가 있다

어떤 기억은 무수히 많은 시간이 지나도

어느 한 지점에 도달하여 오래도록 머물게 하는 곳이 있다

나에게는 유후인이 그런 곳이다

안녕 유후인

폭풍같은 바람 속에서

마음까지 상쾌했던 순간

조금씩 적셔 오는 비의 촉촉함

밤새도록 심장을 두드리던 빗소리

너무도 고요하고 잠잠했던

새벽 긴린코의 행복했던 시간들

다시는 똑같이 올 수 없는

이 순간을 가슴에 담고

나의 아름다운 유후인 안녕

\#그대
이 순간의 설렘이
한 컷의 프레임이 되어
아름답게 기억 되길

2017/12 오늘아침 오사카

2017/12 오늘아침 카라후리

스미마생

여행에서 우연히 새로운 사람을 만나고
말이 통하지 않지만 이야기를 나누고
여행자에게 기꺼이 자신을 보여주는 배려에
행복한 시간

원폭피허를 입지 않아
옛날 모슬의 집들이 남아있는 카라후리

집 입구가 너무 예뻐서
카페인 줄 알고 문을 열었더니
이 남자의 공방 이었다

스미마생
그 남자의 집
그리고 그의 작품들

카라후리에서 참 좋았다고 느끼게 해 줄
또 하나의 추억
그의 작품에서 많은 영감을 얻게 되었다

그대는 지금 어디 있나요?

방향이 다르다고
틀린것은 아니다

중요한 것은
내가 지금 어디 있는지를 아는 것

2013/12 오늘아침 후쿠오카

대나무 숲 – 치쿠린

대숲에 이는 바람소리는
아름답다는 말로는 다 표현되지 않는
쓸쓸함과 안타까움이 묻어 온다

세찬 바람에 흔들릴지언정 부러지지 않는 유연함
그러기 위해서 속을 다 비워 낸 것인지 모르겠다

내 욕심은 언제쯤 비워질까

2017/12 오늘아침 교토

오늘아침 in 43

2017/12 오늘아침 카페라떼

바람의 산 아라시야마

그 이름이 너무나 좋아서 단번에 사랑하게 된 마을
오래 전 옛날
백제인들이 이곳에서 터를 잡고 살았다는 곳
그래서 백제의 수도였던 부여와도 닮아 있는 마을
백마강과 닮은 가츠라강이 흐르고
그 위로 오래된 목조다리인 도게츠교가 있다
달이 건너는 다리

그 다리를 건너면 2014년 세계 라떼아트 챔피언을 수상한
바리스타 덕분에 유명해진 %커피집이 있다
%로고 때문에 우리나라 사람들 사이에서는
응커피로 불리기도 하지만 %는 커피나무에
커피콩이 달린 모양을 형상화 한 것이다

강바람을 맞으며 라떼의 부드러움에 빠져드는

오늘아침

기억한다는 것

수 십번의 가을이 온다
수 십번의 가을을 보낸다

가을바람에 물든 단풍잎은
지난해의 그 잎이 아닌데...

세월이 흐르면
네가 날 알아볼 수 있을까

내가 널 알아볼 수 있을까

2017/12 오늘아침 교토 아라시야마

오늘아침 in 47

#가끔 그런다
대책없이 무모한 나를 본다
무모한 용기!

2018/8 오늘아침 레분섬

오호츠크해에서 불어 온 바람

해류를 타고 남쪽으로 남쪽으로 긴 여행을 마친 바람
장마가 시작되기 전 아직은 봄
어디선가 습한 바람이 불어온다면 아마도 그건 오호츠크해의
전설을 담고 달려 온 한 조각 그리움일 터
눈을 감고 손끝으로 느껴보자
바람이 품고 온 그리움의 사연들을

오호츠크해에서 불어 온 늦은 봄바람이 나를 불렀다
그 바다로 가자 그 섬으로 가자

레분섬에서 바라 본 오호츠크해
끝없이 반복적으로 이어지는 출렁임과
바위에 부딪히는 철썩거림
서서히 최면상태로 빠지게 한다

눈부시게 쏟아지는 햇살이
어느새 약간의 현기증마저 일으키게 하면
이미 나는 태평양을 건너 남미의 어느 정글숲을 지나
대서양으로 항해를 한다

일본열도 최북단 왓카나이
그 아침과 그 밤
지금도 그곳에선 많은 사람들이 꿈을
꾸고 있겠지

2018/8 왓카나이 일출

보이는 모든 풍경이 엽서 같았던 섬의 하루

2018/8 오늘아침 왓카나이 레분섬

레분섬에서

왓카나이에서 배를 타고 2시간 가면 레분이라는 섬이 있다
그 옆에는 후지산을 닮은 리시리섬이 있다
레분에서 바라 본 리시리는 늘 안개에 쌓여 있다

이른 새벽배를 타고 레분섬에 왔다
한국말은 어디서도 들을수가 없는 이 곳
그래서 더 완벽한 타국

여기 레분
꽃섬이라고 불리는데
6월이면 야생화천국이 되기 때문이다
트레킹하는 사람들이 꼭 한번 와 보고 싶어하는 곳
밤하늘엔 별이 쏟아지고
끊임없이 부는 바람이 마음을 흔드는 곳

언젠가 꽃피는 6월에 트레킹도 하고
별도 찍으면서 머물다 가고 싶은 곳

2018/8 노샷푸곶

혼자 여행한다는 것

말을 많이 하지 않아도 되고
옆사람을 배려해야 되는 부담도 없고
오로지 보이는 풍경과
떠오르는 생각
그리고 나에게만 집중하면 된다

순간 순간에 몰입할 수 있고
에너지가 들어서 나갈 필요가 없으니
힘들거나 피곤해지도 않은 혼자만의 여행

일몰이 아름다웠던 노샷푸곳의 추억
돌고래가 귀엽기 리시리산을 바라보고 있는 곳
마지막 숨을 토하는 해가
돌고래의 입으르 들어가는 모습

바쁠것 없는 여행자들의 시선이
그저 예쁘게만 코이는 해질녘의 풍경에 빠져들다

2014/2 오늘아침 다자이후

수 천 그루의 매화가
소원을 듣고
피고 지고

꿈처럼 남아 있는
그날의 기억

새로운 것을 보는 설레임과
아름다운 것을 보는 행복

눈 감아도 흩날리는
내 마음의 사랑

오늘아침 *in Thailand*

2017/1 오늘아침 태국 방콕

#처음 해 보는 것의 설레임

하늘을 날다

일상의 아름다움

아름다운 천혜의 자연경관이 아니어도
수려하고 멋진 문화유산이 아니어도

이국의 모든 풍경들은
신비로움으로 머문다

나의 시선이 닿는 곳에
나의 영혼이 머무는 듯
내가 바라보는 모든 것들 속에
새로운 의미가 꽃 핀다

이른 아침 출근하고
등교하는 사람들의 모습에서도

사원에서 일하는 젊은이들의 모습에서도
일상적인 하루를 아름답게 살아가는 사람들

괜찮다고 하더라도

가끔은 자세히 보아 주세요
혹시 울고 있을지도 모릅니다

미소 짓고 있을 때 다가가 손잡아 보세요
마음은 쓸쓸할지도 모릅니다

바라보기만 하는 사랑은
그런 겁니다

2017/1 오늘아침 파타야

당신은
밤하늘의 별을 바라봅니다
나는
당신의 옆 얼굴을 바라봅니다

당신은
저 멀리 수평선을 봅니다
나는
당신의 뒷모습을 봅니다

언제나

이것이

마지막이라고 생각하면서

#오늘아침 *in Philippines*

누구도 마시지 않은 첫 공기
누구도 밟지 않은 모래
누구도 모르는 마음의 외침

그리고

태양이 떠오르는 것을 보는 감동

2016/3 오늘아침 필리핀 세부

오래도록 나를 행복으로 이끌어 줄
세부에서의 아침 일출~
아무도 없는 새벽 바닷가를
걸었던 추억...
그리고 태양이 떠오르는 감동

딸이 있으면 나는
매일아침 손을 잡고 조개를 잡으러 갈 겁니다
태양이 떠오르면 하늘을 바라보며
이카루스의 전설을 이야기 해 줄 겁니다

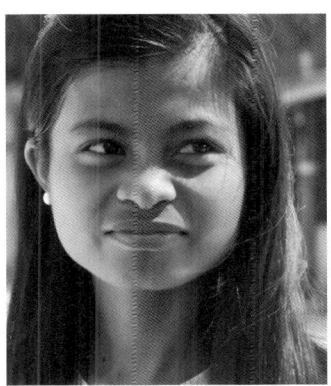

사랑은 눈을 보는 것

보고싶은 얼굴들이 생각나
오래도록 마음 한가운데 머물다

잠시 스친 인연이지만
눈빛을 나누고 몇 마디 주고 받고
미소로 하나가 되었던 시간
다시 그리워진다

보고싶은 사람이 있다는 건
언젠가 어디론가 갈 곳이 있다는 것
그래서 삶이 무료하지 않다는 것

기다려... 만나러 갈테니까

오늘아침 in 69

2016/3 필리핀 세부

일몰

어느곳에 있더라도
하루는 저물어 가고

이국에서 바라보는 일몰은
가슴을 아련하게 하는 그리움이 있다

그렇게 멀리 있음에도
세상을 온통 붉게 물들이는 거대한 힘

그 위대함 앞에
나는 또 다시 두손을 모은다

#오늘아침 *in Vietnam*

2018/12 오늘아침 베트남 하노이

오토바이의 나라

하노이의 아침 지는 끝없이 쏟아져 나오는 오토바이
부딪힐 듯 아슬아슬하게
도로위를 점령한 낯선 모습

쉼 없이 들리는 크락션 소리와
몸이 닿을 듯 스쳐 지나가는
오토바이 위의 사람들

삶의 현장으로 열심히 달리던
오래 전 어머니의 모습 같은 사람들
내가 본 베트남

여기는 하노이

비가와도 오토바이는 달린다
오전 비 오후 맑음
비가 오면 비가 와서 좋고
맑으면 맑아서 좋다
언제나 맑음과 흐림은 함께 다닌다
한 하늘이고 한 바람이다
그래서 세상은 살 만한 곳이라고

그날 아침 하롱베이

잔잔한 바다 위로
끝없이 펼쳐지는 섬들의 향연
약 3,200여개의 섬들이
천상에서 내려온 듯
신비로운 모습

2018/12 오늘아침 하롱베이

오늘아침 in 77

2019/4 오늘아침 다낭

미케해변

끝없이 펼쳐진 고운 모래사장
그늘을 만들어 주는 야자수들
해수욕을 즐기는 사람들
코코넛배를 타고 있는 수상안전요원
그 위를 날아다니는 패러세일링
모터보트와 제트스키 바나나보트
온갖 해양스포츠가 즐비한 지상낙원

그리고 이 곳에 있는 나

2019/4 오늘아침 호이안

호이안

역사를 품고 수 천 년을 흘러 온 강을 따라 걷는다
시간과 공간을 초월한 듯
모든것들을 새롭게 보며

몇 백 년 전으로 갔다가
아니 더 멀리 기원전으로 갔다가
다시 현재로 돌아오기를 반복하며
시간이 멈춘 듯 강물을 바라본다

2019/4 오늘아침 바나힐

골든브릿지

커다란 손이 황금다리를 받치고 있는 모양은
바나힐에 내려오는 전설을 모티브로 해서 만들었다

옛날에 천상에 오르고 싶은 사람이 있었는데
어느 날 산신령이 나타나서 금띠를 주면서
그걸 타고 올라가라고 했다

그런 의미에서 이 다리는 아마도
천상으로 올라가는 고속도로일지 모른다

하루하루를 살다 보면
보이지 않는 손이 나를 받치고 있는 건 아닌지
생각들때가 있다

아슬아슬한 현대문명 속에서
무사히 하루를 보낼 수 있다는 건
분명히 누군가 나를 지켜주고 있기 때문일 것이다

Chapter 2

#내게 온 아침을 만나다

#오늘아침 *in korea*

2019/3 오늘아침 감포 문무대왕릉

나의 여헝에서 만난 최고의 아침 풍경

바람과 햇살과 안개와 함께

언제나 꿈꾸는 듯한 나의 시간들

어쩌면 머일 일어나고 있는 일상의 풍경들

그 속에서 새로운 나를 만나는 기쁨

일상 같은

그러나 기적 같은

#매일 아침에 가장 따뜻하게 빛나던 네가 있었다

오늘아침, 아메리카노 한잔

오늘아침, 햇살

오늘아침, 새들의 지저귐

오늘아침, 떨어지는 낙엽

오늘아침, 토스트 한 조각

오늘아침, 우포늪 물안개

오늘아침, 살을 에는 바람

오늘아침, 영취산 진달래

오늘아침, 비

오늘아침, 달맞이꽃

오늘아침, 창가에 온 고양이

오늘아침, 엽서한장

오늘아침, 해바라기

오늘아침, 세량지

오늘아침, 홍매화

오늘아침, 허브차

오늘아침, 흐림

오늘아침, 새벽별

오늘아침, 바다 냄새

오늘아침, 헝클어진 머리

오늘아침, 문득 외로움

2017/5 오늘아침 오도산

#이 모든
#오늘 아침들
#그 햇살
#그 바람
#그 향기
#그 아침의 아름다움을
#다시 꿈꾸며...

2018/1 오늘아침 금오산

그리움에 대하여

어느 아련했던 시간 속에서
그리움의 흔적들은
눈송이 따라 떨어지고
쌓이고 또 쌓이고

그리움...
그것은 점점 깊어져만 간다

#기다림
꽃으로 피다

2016/6 오늘아침 양재동 꽃시장

기다리고 있나요?

봄이 오면
그대들은 내 눈길 닿는 곳곳에서
경쟁하듯 꽃 피우며 웃고 있을 겁니다

기다림은
때로는 희망이지만
때로는 마음을 병들게 하기도 합니다

내일은
꽃시장에 다녀와야 겠습니다
마음은 그곳에 두고 오겠습니다

언제나 그대는
기다림으로 다가옵니다
이제 꽃으로 피어나기를

다시 한번 내보는거야 "용기"

몸에 찾아 온
때로는 마음에 찾아 온
사고

절망보다는 희망으로
빛나길 기도한다

아프다는 건 이미 알아
필요한건 다시 한번 일어나는 용기일 뿐

어떤 상황에서도 다시 일어날 수 있는
용기를 그때 배웠다

2018/9 오늘아침 화이트 와인

#사랑은 내게 가장 소중한 것을
나눌 수 있는 것

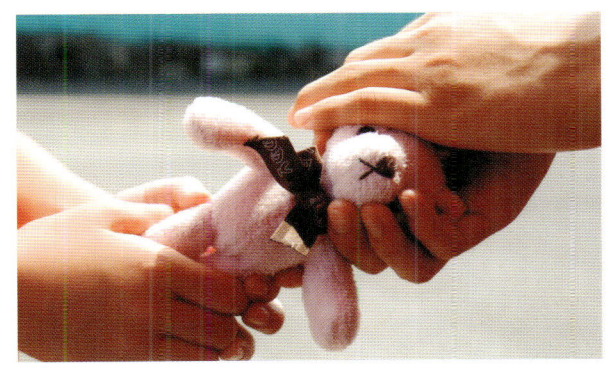

마음을 나눈다는 것

사랑함의 가장 확실한 표현
함께 나눈 시간의 의미는
내가 그대에게 줄 수 있는
가장 소중한 마음의 선물

지금 이순간- 그대와 함께!
cheers!

#별모양으로 생긴 꽃들은
자세히 보면
별을 그리워하는 마음이 들어 있다

2016/6 오늘아침 금오산

참개별꽃

별은
하늘에만 있지 않았다

비내리는 어느 날
별도 쫘라 내려왔다

이해 한다고 끄덕이고서
그래도 서러운 가슴

빗소리 따라
소리내어 운다

토닥토닥
떨어지는 빗방울을 세다

너에게로 가서
작은 별꽃으로 피었다

2014/11 오늘아침 선산 황산리

천천히 오면 돼

홀로 외로이 있다고
고독할거라 미리 겁먹지 말자

너무 멀어서 갈 수 없을거라
망설이다 후회하지 말자

눈에 보이지 않아도
손에 잡히지 않아도

저 너머에 아름답고 평화로운
너의 세상이 기다리고 있다

그자리에 그대로 있을거야
나는 언제까지나

오늘아침in 101

#마음도 한번씩 만져주어야 한다

이 계곡을 돌면
보일 줄 알았다

또 다시 길은 휘어지고
아득하기만 하다

봄날은 아름다운데
마음은 왜이리 서걱거리는지

바람따라 날아 온 꽃 향기
가슴속에 스며들게 열어두자

마음도 한번씩
만져주어야 한다

2016/ 오늘아침 동강

#가장 큰 위로는 "봄"

가슴을 도려내는 상처는
아픔보다는 연민입니다

다독거려도 다독거려도
가여워서 너무나 가여워서

차마 괜찮다고 힘내라고
그것마저도 이제 그만

한 번 눈 감았다 뜨면
봄은 온 듯 저 만치 가고 있을 겁니다

가장 큰 위로는
그때 그 봄 이었음을

2018/4 오늘아침 금오지

#왜 늘 내사랑이 더 크다고 느끼는 걸까요?

2018/6 오늘아침 안동 권정생동화나라

늘 바라보던 것도
다르게 보는 법을 배운다
큐브는 육면체이지만
아무리 노력해도
한 번에 삼면이상을 볼 수는 없다
위에서 아래서 혹은
돌려서 봐야 전체를 볼 수 있다

사람도 그렇다
한 번에 모든것을 알수가 없다
그래서 겪어봐야 된다
상황에 따라
혹은 시간이 지나면서
보이지 않던 다른 면들이
보이기 시작한다
한 쪽 면만 보고 판단할 때가
얼마나 많았는지

이런 휴식

맨발로 모래를 걸었다
발가락 사이로 빠져나가는 모래
걱정과 근심도
모두 빠져 나갔으면

2017/8 으늘아침 신안 증도

등 대

살다보면
길을 잃고 헤맬때가 있습니다
늘 가던 길이 갑자기 막혀서
다른 길을 찾아야 할 때도 있습니다

주변이 보이지 않아
어디로 가야 할지 막막할 때가 있습니다
가다 보니 이 길이 아니구나 하고
돌아서야 할 때도 있습니다

하지만 포기했더라면
그냥 돌아섰더라면
이런 풍경은 볼 수 없었을 겁니다

포기하지 않는 것
그곳에 있다는 믿음입니다
길을 잃고 헤매일 때
내게 언제나 빛이 되어 준

그대

2018/4 오늘아침 죽성등대

2016/11 오늘아침 초곡저수지

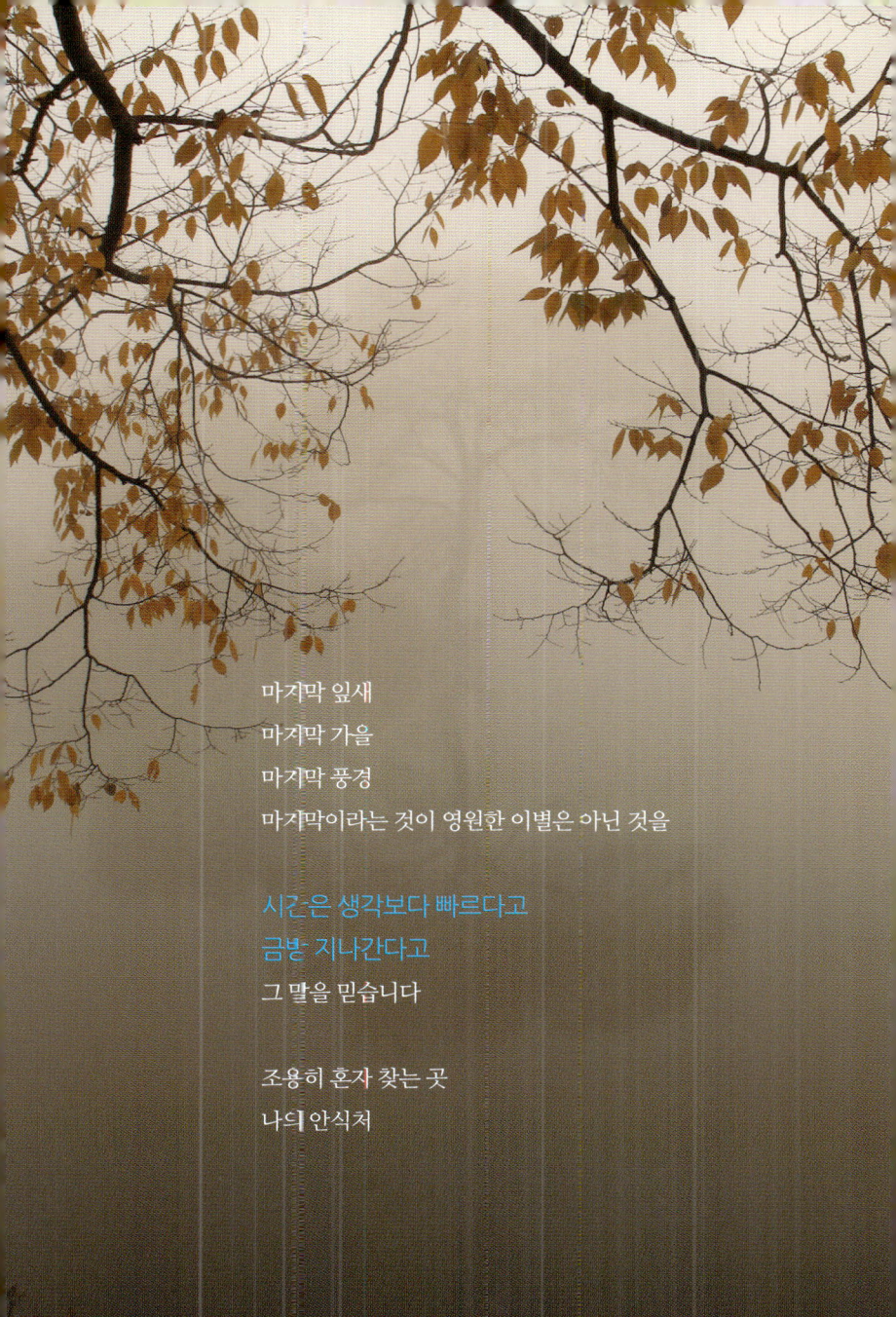

마지막 잎새
마지막 가을
마지막 풍경
마지막이라는 것이 영원한 이별은 아닌 것을

시간은 생각보다 빠르다고
금방 지나간다고
그 말을 믿습니다

조용히 혼자 찾는 곳
나의 안식처

#세상이 거꾸로 간다면
내 사랑이 좀 작아질까

2017/11 오늘아침 반야사 계곡

또다른 세상

이곳에서 나는 다른 꿈을 꿉니다
흥겹게 콧노래 부르며
그대에게로 성큼성큼 다가 갑니다
떨리는 마음 들키지 않으려
큰 소리내어 웃어봅니다
그렇게 그대에게로만 갈 겁니다
다른 곳으로 눈 돌리지 않고
만약
당신이 그곳에 있다면 말입니다

늘 한 곳만 봅니다

멀기에
너무나 멀리 있기에
무엇이 비쳐지고 있는지
보이지 않지만
늘 한 곳만 봅니다

마음도 멀어서
너무나 멀어서
그 속에 무엇이 담겨 있는지
보이지 않지만
늘 한 곳만 봅니다

그곳은 희망이고
새로운 시작이고
아직도 남아 있는
내 마음의 미련입니다

2017/8 오늘아침 경즈

오늘아침 in 117

#화려하게 빛나던 그해 봄
어쩌면 그때 우리는 행복했을까

봄

아무리 애써도
자꾸 떨어지려 합니다

내년을 기다리라 하지만
좁디 좁은 마음은
너무 멀게만 느껴져
그냥 그렇게 떠나버릴까

억지로 붙잡아 두려 하니
하얀 꽃잎 눈물 되어 떨어집니다

2017/4 오늘아침 진해

#떠나는 것보다 더 큰 용기는
머무르는 것

2016/7 오늘아침 삼천포

어떤 기념일

무슨 날이냐고 굳이 묻는다면
네가 살포시 내 맘을 두드린 날

향 좋은 커피에 달콤한 케익 한 조각
그리고 부드러운 빗방울 전주곡

비오는 아침
너에게 주는 선물

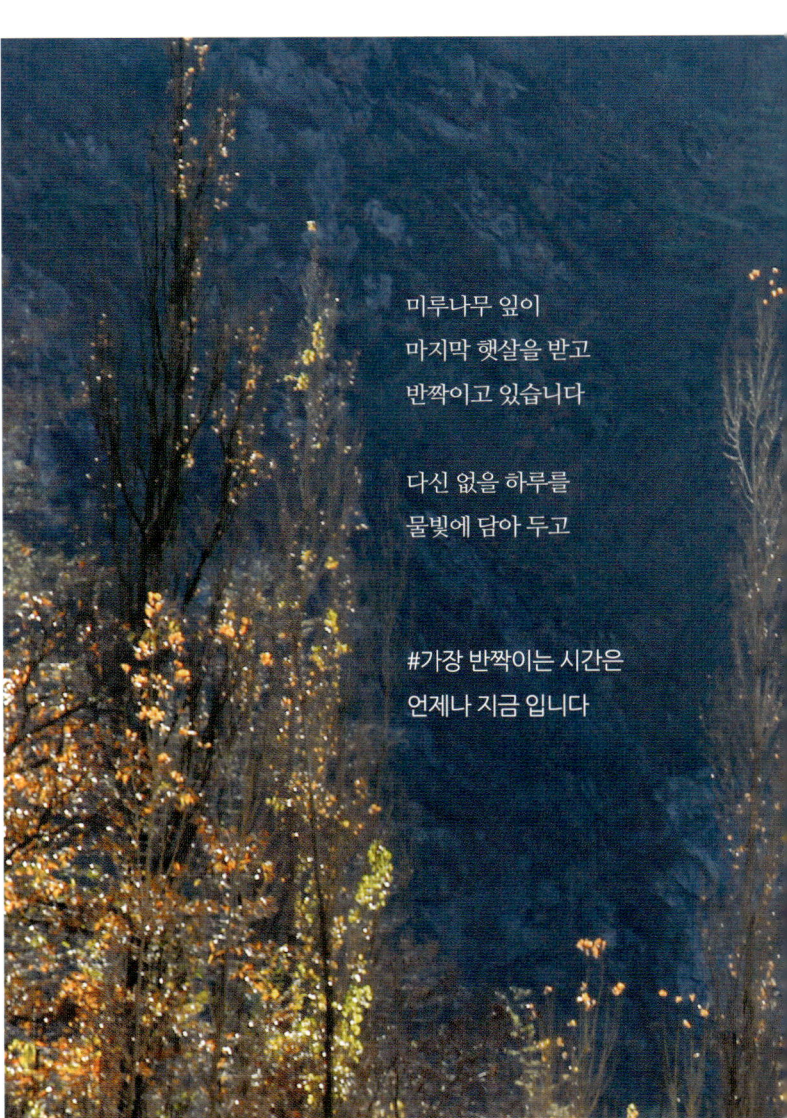

미루나무 잎이
마지막 햇살을 받고
반짝이고 있습니다

다신 없을 하루를
물빛에 담아 두고

#가장 반짝이는 시간은
언제나 지금 입니다

2017/11 오늘아침 월류봉

2017/10 초승달 뜨던 밤

아직도 꿈꾸는 별

어린시절
내 마음에 별이 있었다
달이 뜨면 따라서 뜨는 작은 별
언제나 달 옆이 꼭 붙어 다니는 별
저 별이 나의 별이라 우기며
꿈을 키웠다

그 별은 점점 커져서
어느새 내 꿈을 빛나게 해주고 있다
세월이 무수히 흘러도
변함없이 나란히 반짝이는
달과 별

아직도 꿈꾸는 별
어쩌면 그때부터 였을까

#내게도 언제나 그리운 제주

2016/9 오늘아침 제주 새별오름

바다
바람
갈대
하늘

돌담길
한라산
백록담
형제섬

새별오름
사려니숲
산굼부리
섭지코지

오늘아침 in 127

#여행은 나에게 휴식
여행은 나에게 설렘
그리고 매일의 기적

2015/12 제주 이름모를 해변

여행을 하면서 이럴때 참 행복합니다
우연히 지나던 길에 너무 이쁜 풍경을 만나는 것
그래서 발걸음을 멈추고 하염없이 바라보게 되는 것

겨울로 접어드는 길목에서
가을은 떠나기 아쉬워 머뭇거리는데
겨울은 밀물처럼 밀려 옵니다

바람소리를 들으며 차 한잔 마시며
멍하니 바라 본 바다의 한 켠에는
새들도 작은 모래톱에 모여 쉬고 있습니다

멀리 날아가던 새들이 잠시 앉아서 쉬어가는 쉼터
해변은 그렇게 자신의 자리를 한조각 내어 주고
묵묵히 침묵합니다

많은 새들과 사람들이 쉬어 가도
조용히 자리를 지키는 든든한 바위처럼
누군가에게 그런 사람이 되고 싶습니다
나에게도 그런 사람이 있었으면 좋겠습니다

태양이 떠오르기 전
어둑하던 하늘을 조금씩 붉게 물들이는 여명을 보면서
해가 떠오를 자리를 점쳐 봅니다

여러가지 색으로 변해가는 하늘을 바라보는 것은
또하나의 힐링입니다

날마다 똑같은 태양을 보게 되지만
내가 서 있는 위치가 어디냐에 따라
완전히 다른 각도의 일출을 보게 됩니다

문득 그런 생각을 해 봅니다
우리 삶도 마찬가지라는

어쩌면 매일 똑같은 일상의 반복이지만
내가 바라보는 마음의 위치가 어디냐에 따라
행복할수도 불행할수도 있는 것을

그러기에 좀 더 멀리서 보고
좀 더 높은 곳에서 볼려고 노력을 하게 되었습니다

2015/12 광치 기 해변에서 오메가 일출

오늘아침in 131

#가을이 깊어지면
억새는 화려하게 꽃을 피우며
바람이 더욱 세차게 불기를 기다릴 것이다

2016/9 오늘아침 새별오름

새별오름

새별은 아마도 샛별의 의미를 담아 붙인 이름인 듯 하다
초저녁 달과 함께 떠오르는 샛별

황석영의 소설 "개밥바라기 별"에서는
샛별을 그렇게 부른다
해질 무렵
농사일을 마치고 집으로 돌아와서
종일 집을 지킨 개에게 밥을 주는 시간에 뜨는 별
바로 금성이다

샛별은 외로움이다
그러면서도 늘 가까이 있는 친근함이며 다정함이다

제주의 한적한 들판 한가운데를 달리다 만난
새별오름의 느낌이 바로 그랬다
외로움, 그러나 다정함

그 작고 예쁜 오름에 빠져본다

2018/1 오늘아침 순천만

순천만에서

아름다운 일몰을 보기 위해서는
산길을 따라 올라가야 한다

숨이 차오른다
쌕쌕거리는 내 숨소리를 들으며
비로소 내가 이렇게 살아 있구나를 느낀다

그 순간에 불어오는 바람도
스쳐가는 사람도
갯벌의 비릿한 내음도 모두가 사랑스럽다

갯벌사이의 깊은 고랑을 갯골이라 한다
세월은 갯골을 깊게 만들기도 하고
평평하게 없애 버리기도 한다

갯골 사이로 스며드는 물을 바라보며
그대와 나 사이의 고랑에도 물이 채워지길 바래 본다

너에게

노을은
소리없이 내려앉아
온 세상을 감싸준다

지금까지 걸어온 길이
아름다웠노라고 말하지만
문득 주저앉고 싶을때도 있다

한 곳을 보며 걸어온 너
태양의 힘을 빌어
네 그림자를 안아본다

너무 애쓰지 말고 슬퍼하지 말자
그냥 너의 길을 가면 된다
새로운 길은 언제나 열려 있을테니

2015/11 낙동강 갈대밭

동 행

밤 사이 소리없이 내렸나 보다
땅 높이를 한 뼘이나 높여 놓고도
아직 부족한지 계속 흩날리고 있다

귓 볼을 감싸게 하는 찬바람에도
옷 깃 여미고 모자 눌러 쓰고
뽀송뽀송 소리따라 걷는다

어깨에 쌓이는 눈의 무게도
마주보며 웃을 수 있는 네가 있기에
이 길이 나는 외롭지 않다

2015/12 오늘아침 눈오는 날

#대책없이 당하게 되면 억울하지만
스스로 선택한 아픔은
새로운 성장으로 거듭난다

2016/11 오늘아침 백양사 계곡

낙엽의 선택

깊이 더 깊이
숨어 버리고
싶었나 보다

그렇게
아무도 찾을 수 없는
다른 세상으로

물 속 깊은 곳으로
차라리
수장됨을 택했다

#다시 볼 수 없는
풍경의 아련함

2013/4 오늘아침 진해 경화역

좀 늦으면 어떤가
내 청춘은
오늘이 가장 아름다운 날인 걸
이 봄의 향연을
마음껏 즐기자

2018/2 오늘아침 소양호

매일 매일 그렇게 흔들린다
쓰러질듯 쓰러질듯 약한 마음을
안개는 소리없이 다가와
조용히 감싸준다

고집스레 이겨보겠다고
수 십번, 수 백번 다짐하지만
가느다란 햇살만 비춰도
어느새 미소지며 잊어버린다

아련하게 보이지만
항상 그곳에 있는 너를
이제 알기에

자운영

그 해 초여름
나는 감성 충만해 있었고
끝없이 펼쳐지던
자운영과 눈을 맞췄다

그 후로 오랫동안 자운영을 그리워하며
신기루처럼 쫓아 다녔다
몇 해를 보지 못한 채
또 계절이 지나갔지만
사진 속 너를 보며
다시 그해 초여름 감성으로 돌아간다

사랑이 넘쳐 시도때도 없이
눈물 흘리던 시간

아팠어도 그리운 그 시간

2013/5 오늘아침 악양들판

오늘아침 in 147

길 위에 서면

길 위에 서면 마음이 설렌다
목적지는 상관없이 그저 새로운 경치
낯선 사람 모르는 지명들
이 모든 것이 마음을 반짝이게 한다

길 위에서 마시는
커피 한잔의 여유
온통 여행길에만 집중할 수 있는 자유
그래서 나는 다시 여행길에 오른다

바람에 살랑이는
늦가을 은행잎
그 사이로 스며드는 햇살은
아마도 그리움

2018/11 오늘아침 경주

빈 하늘에
그대 얼굴을 그려 보았습니다

내 그리운 사람
그대는 별이 되었군요

2018/8 오늘아침 안동 권정생 마을

기차가 지나가는 역

하루 종일 있어도
인적없이 고요한 폐역

소리없이 꽃을 피웠더니
아름다운 발자욱들 소리없이 찾아온다

다시 오랜시간을 외로워야 겠지만

2018/5 오늘아침 상주 아천역

꽃 진 자리에는

꽃 진 자리에는
아쉬움 먼저 손을 내밀지만
그리움 품고 걷는 산길은
발길 닿는 곳마다 꽃자리다

사랑이 진 자리에는
시린 슬픔 낙엽으로 쌓여 가지만
미처 보내지 못한 마음
눈길 닿는 곳마다 그대 흔적이다

2018/5 오늘아침 수도산

2017/11 여수 오동도

화려하-게 빛나던 순간

남은건 고요와 그리움

.... 다시 올까

#내 안의
또 다른 나
그림자

그러나
내 맘과 꼭 같을거라는
기대는 하지 말자

힘들다는 것
아프다는 것
비로소 그때 나를 돌아보게 되는 것
그래서 이 순간이 소중하다

나에게도
그대에게도

2017/8 오늘아침 문성지

2017/11 오늘아침 다대포

시간의 점

우리는 공통의 시간의 점(spot)을 가졌다
그것은 어느곳에 있어도
서로를 생각하며 미소 지을 수 있는 기쁨이다

그 모든 날들이 그랬다
마음속에 잔잔한 바람이 인다
이나 거대한 폭풍으로 다가 올 것이다

2018/9 오늘아침 상주 구절초

#가끔씩
침묵하라
평화가
선물로 온다

침묵한다는 것

우리 이야기 끝나고
헤어짐의 시간
그 여운을 좀 더 오래 가지기 위해
잠시의 여백이 필요하다

지금 들리는 모든 소리는 소음일 뿐
오히려 정적이 행복한 순간

가끔씩 침묵하라
평화가 선물로 온다

기적 같은 눈맞춤

한 번 생각해봐
인류 역사의 이토록 긴 시간 중
지금 이 시대에
지구 둘레 4만 칼로미터가 넘는
넓은 공간 중
지금 이 곳에서

어쩌다
그냥
우연히

#너와 내가 눈을 맞추는 것은
기적이다

2015/3 오늘아침 경산 복수초 꽃

2018/1 오늘아침 자작나무 숲

동화속 나라처럼 아름다운
눈 내린
자작나무 숲

새들의 지저귐은
요정들의 웃음소리처럼
정답게 들리고
바람소리드 더 가까이 들린다

눈 쌓인 자작나무 숲은 흑백이다
그렇게 단조로우면서도 충분히 아름답다
누구라도 화가가 되고 시인이 된다

다시
자작나무 숲을 다녀왔다

#눈이 내리면 그곳이 그립다
연초록의 잎들이 돋아나기 시작하는 그곳이 그립다
어느 해 여름 소낙비가 내리던 자작나무 숲이 그립다
가을 단풍이 곱게 물드는 자작나무 숲이 그립다
자작나무숲은 그리움이다

2018/1 수도산 자작나무 숲

겨울 자작나무

때로는
겨울이 더 따뜻하다

모든것을 떨어뜨려 버리고
오로지 온몸으로 안을 수 있는

더 가까이 다가설 수 있는
자리를 내어 주는

겨울 자작나무 숲

봄비라고 하기엔 아직은 차가운
겨울비가 내리는데

비가 지나고
불어오는 바람은
뽀송뽀송한 흙냄새를 데리고 온다

겨우내 단단히 얼어있던 땅은
여린 꽃들에게 희망을 주기 위해
부드럽게 몸을 풀고 있다

네가 어디쯤 왔는지는 궁금하지 않다
많이 그리워했는지
보고싶은 마음이 얼마나 있었는지
멀리 있어서 볼 수 없을때의 애틋함을
가까이 있을때에도 말할 수 없다면
난 그냥 무심한 척 하리라

#옆에 있는 그대를 여전히 그리워 한다

2018/5 오늘아침 비

오늘아침 in 171

내가 바라보는 시선의 끝
거기엔 언제나
상상하는 그 이상

#무한 상상하라

2018/5 오늘아침 우포

#단정 짓는 것만큼 어리석은 것이 없다
내가 본 것은 무엇일까?

2018/1 오늘아침 소양호

내가 본 '물'은 무엇인가!
그의 정체는?
물을 물이라-고 할 수 있을까?

그는 차가운 얼음으로 변하기도 하고
뜨거운 수증기로 변하기도 한다

차가운 얼음은
오스카 와일드처럼 냉정해 보이지만
영롱하게 빛날 수 있고

뜨거운 수증기는
구름처럼 폭신해 보이지만
만지려고 하면 데일수도 있다

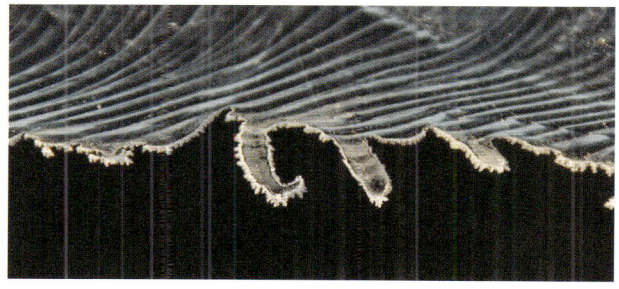

힐링된다는 것

마음에 평화로움을 느끼면
우리는 '힐링된다'고 한다
그런 장소, 그런 시간에 마주하게 되면
오래도록 머물고 싶어진다

해가 뜨기를 기다리고
해가 지기를 기다리고
새가 오기를 기다리고
잊혀지지 않는 찰나의 순간을 기다린다

그 기다림의 시간들은
나에게 힐링이며 행복이다
기다림의 끝에 벅찬 감동이 있었다면
그 시간은 인생의 한 페이지에 각인 되어
순간순간 떠오르는 인생샷이 된다

소양강에서 느꼈던 감동의 순간
역시 그런 시간이었다
잊혀지지 않는

2018/1 오늘아침 소양호 물안개

#흔들린 별

2016/11 오늘아침 황매산

내 기억엔 г 장 춥고 바람이 많이 부는 날이었다
발걸음이 닿는 길은 살얼음이 얼어서 미끄러웠지만
발에 밟히는 사각거리는 소리를 들으며 한참을 걷는다

적막한 공간을 가르는 숨소리만 들리는 어두운 산길
밤 하늘을 올려다 보니 쏟아질 듯
빼곡히 내려다 보는 별들
가끔씩 별똥별도 떨어져 내리고
걷다가 힘들면 하늘 한번 쳐다보고 와!
또 힘을 내서 걷는다

쌩쌩 불어대는 칼바람에 모자 눌러 쓰고
담요에 돗자리까지 두르고
가끔씩 부딪히는 체온으로 버티며
세 시간 여틀 밤하늘과 대화하며 만든 작품

고흐의 '별이 빛나는 밤에'를 연상하게 하는
세상에 하나밖에 없는 나의 작품

#나도 떨고 별도 떨고 카메라도 떨었던
어쩌면 흔들리고 싶었던 내마음이었는지도...

2017/10 오늘아침 무주

떠날 준비

바람은
설렘을 담고 와서는 속삭인다

지금 그곳은
푸른 바다가 꿈을 꾸고 있다고

안개는 산을 덮고
꽃들은 노래한다고

지금 그사람은 길을 떠났노라고
그리고 시간은 너를 기다린다고

준비는 필요하지 않다고
그냥 떠나면 된다고

#나의 마음이 흘러
너에게로 전해 진다면

2017/9 오늘아침 함안 강주해바리기

해바라기는 열정이며 그리움이다

황금마차를 타고 태양을 향해 날아가는
아폴론을 사랑한 그리디의 전설이 아니라도
해바라기는 슬픔이다

사랑이 너무 커서
너무 찬란해서 다 담지 못하는 다음이다
그래서 나는 해바라기를 보면 이 시가 생각 난다

- 나의 무덤앞에는
그 차가운 빗돌을 세우지 말라

나의 무덤 주위에는
그 노오란 해바라기를 심어달라 (중략)

푸른 보리밭 사이로 하늘을 쏘는 노고지리가 있거든
아직도 날아오르는 나의 꿈이라고 생각하라

 함형수
"해바라기의 비명"

2017/9 오늘아침 함안

불치병

늘 마음이 먼저 간다
그리고 꼭 오류가 생긴다

뒤늦게 따라간 생각이 수습을 한다
이미 늦었음을 알면서

그렇게 수 없이 실수를 하면서도
오늘도 또 마음이 먼저 간다

아무래도 ... 불치병

2015/11 오늘아침 안동 임하댐

어느 해
늦은 가을
기록적 가뭄으로 인해 임하댐이 바닥을 드러냈다

물이 있으면 볼 수 없는 풍경을 담기 위해
카메라 메고 떠났던 날
문득 그날의 추억을 소환하는 사진이
띵동하는 소리와 함께 왔다

풀이 무성히 자라 말라 버린
길도 없는 숲을 헤치며 걷고, 또 걸었던 댐바닥 길
목에 두른 스카프에 도깨비바늘이 빽빽하게 붙어 와서
집에서 하나하나 떼다가
결국엔 스카프를 버린 기억에 피식 웃어본다

누군가 물었다
삶이 힘 겹고 마음이 우울해질때는 어찌해야 하는지?
무슨말이 위로가 될까? 나도 모르는걸
결국 스스로만이 답을 알고 있을 터인데

한가지 분명한 것은 무엇엔가 열중하고 빠져있였던
그래서 즐겁고 행복했던 그 순간을
소환하는 것도 한 방법임에는 분명하다

#내 속에서 빛나는 그대
꽃과 함께 피고 지고

2018/7 지산 연꽃

꽃이 피고
꽃이 지고…

사소한 일이 아니다
운명을 건 위대한 일이다

사랑하는 것은
사소한 감정이 아니다

하나의 별이 심장에 박히는
찬란한 일이다

그가 물었다
이 꽃은 무슨 꽃입니까

내가 말했다
….. 흔적 입니다

아름다웠던 추억이
화려했던 그날이

빗소리에 포장되면
왜 아픔이 되는걸까

2017/9 오늘아침 산책길

오늘아침 in 191

제비꽃 설탕 절임

봄은 작은 꽃들을 앞세워
살며시 다가온다
어느새 봄 햇살은
피할 수 없는 소나기처럼 쏟아진다

봄은 푸른 청춘의 계절
제비꽃을 보며
'그 누구의 것도 아니었던 나'로 돌아간다

제비꽃 설탕 절임을 만든다
꽃을 따고 씻고 말리고 줄기를 자르고
차곡차곡 설탕에 재고

그러는 동안 푸릇한 내 젊은날이 다가온다

멀리 보이는 바다와
교정의 재잘거림과
늘 그리운 애틋한 첫사랑과 함께

2017/4 오늘아침 에쿠나가오리
〈제비꽃 설탕절임〉을 읽고

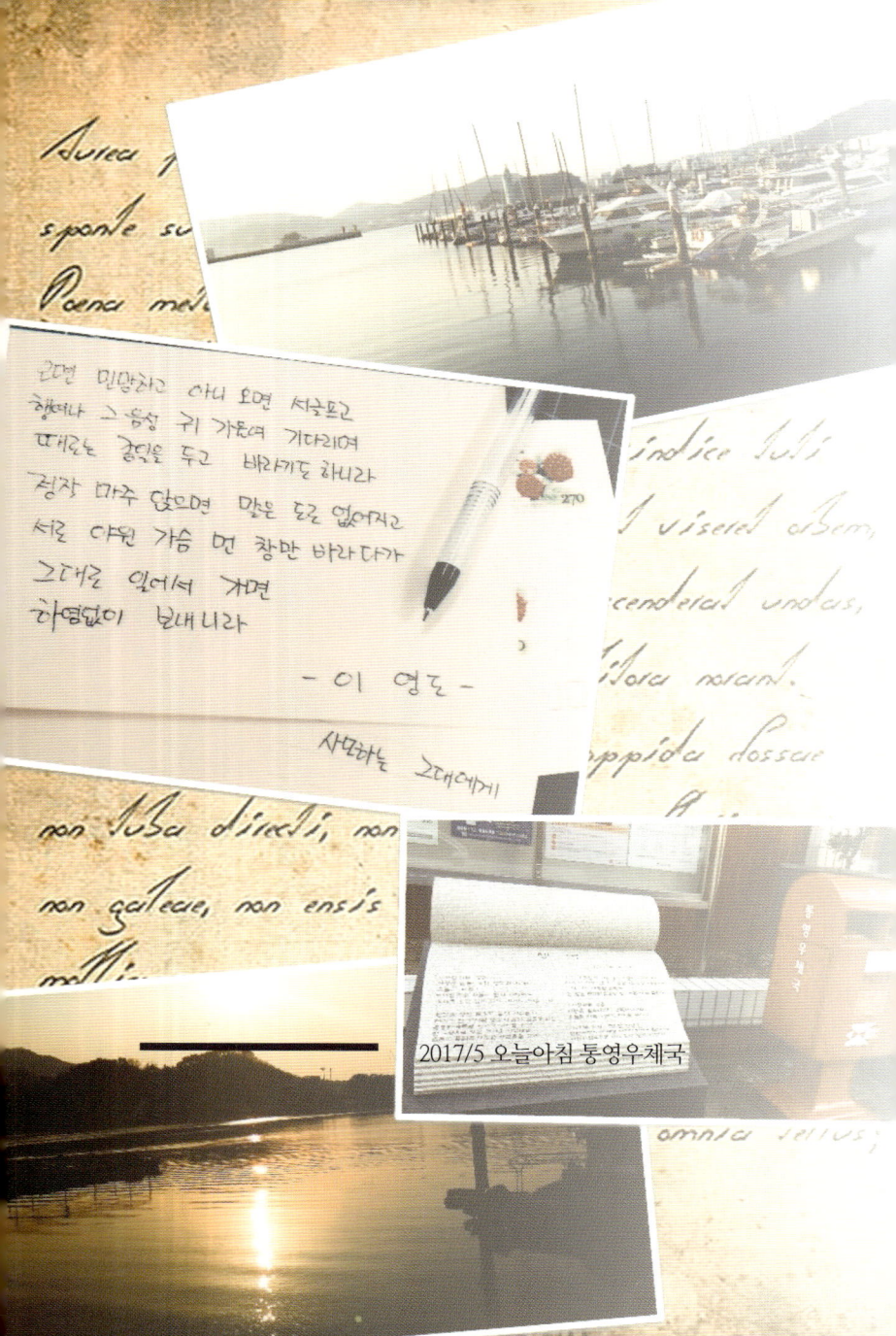

일년에 마지막 이라는 의미로 보내는 날이 몇번이나 될까?
한 달의 마지막 날
한 해의 마지막 날
그렇게 명명한 날들은 괜히 좀 더 의미있게 보내고 싶다
그 많은 마지막 날을 당신과 함께 보낸다

오늘은 3월의 마지막 날
그리고 몇 분 후면 4월의 첫 날
마지막과 처음은 늘 그렇게 연결되어 있다
끝과 시작도 연결되어 있다
헤어짐과 만남도 연결되어 있다

통영을 가면 유치환 시인이 가장 먼저 떠오른다
유치환은 이영도와 연결되어 있다
통영중앙동 우체국에서 유치환, 그의 마음과 만났다

50여년의 세월을 지나
오늘 나는 다시 너에게 편지를 쓴다
"사랑하였으므로 진정 행복하였노라"고
그리고 답장을 쓴다
"붙잡을 수도 없고 보낼수도 없는 안타까움
하염없이 그리운 내 사모하는 그대..."

2017/9 오늘아침 좌천역

정지

너무 바쁘다고 생각될 때
'우선멈춤'하는 지혜

늘 같은 일의 반복 속에
몸도 마음도 지쳐갈 때
쉬고 싶지만 시간이 나지 않을 때
그사람에게 전화를 한다

그 동안 어찌 지냈냐고
보고싶은데 여전히 시간이 없다고
나는 왜이리 시간이 안나는지 모르겠다고 투덜대고
응석도 부리고

그러고는 알게 되었다
보고싶은 사람과의 잠깐의 통화가
바람길을 열어 준 소중한 시간인 것을

바쁨중에 그 바람길 따라
너에게로 가는 시간을 만들 수 있음을
너의 삶의 모슬에서 '우선멈춤'의 지혜를 배운다

#그대와 함께 있으면 언제나 **봄** 입니다
오직 그대만을 바라**봄** 입니다

2017/2 오늘아침 경산 만주바람꽃

봄이 천천히 오는 줄 알았다
서서히 조금씩 다가오는 줄 알았다

문득 고개 들어 보니
갑자기 쿵하고 떨어진 여름날의 번개처럼
내 앞에 와 있다

방심한 나를 향해 미소 짓는다
그 향기로운 미소에 하나씩 하나씩
옷을 벗는다

새롭게 드러나는 아름다움

2016/9 오늘아침 문경새재길

너의 마음속에 내가 있다면

커다란 연두잎을 도화지 삼아
그림자 놀이를 하고 있는 단풍잎

너의 뒤에 숨어 보이지 않아도
너의 빛눈에 가려져 있어도

존재만으로
숨 쉴 수 있는 나의 자리

그 속에서
더 또렷이 살아나는 나의 모습

오늘아침 in 201

2017/10 오늘아침 영동 송호리

절정의 선택

어느 계절의 한 가운데
가장 빛나는 모습으로 반짝인다

절정은
그림자처럼 따라오는 결말을 알기에
가장 아름다운 순간
후회없이 떨어짐을 다짐하며
새로운 옷으로 갈아 입는다

떨어짐은 멀어지는 안타까움이 아니라
한 줄 나이테를 새기기 위한 것임을

다시 올 그 봄에
윤회처럼 만난다는 약속의 말
그 속에 머무는 것임을

오늘아침 in 203

#바람은 많은 것을 품고 온다
사랑 아쉬움 미련 눈물
어느새 이런 감정들을 품고 간다
그 바람을 만지작 거린다

2015/8 오늘아침 신안 증도

사랑의 표현

문득 궁금 할 때가 있습니다
당신은 여전히 나를 사랑하는지 말입니다

"나를 사랑하나요?"라고 묻지 않더라도
가끔씩은 사랑의 표현을 해 주면 좋겠습니다

이탈리아 어느 시골 마을에 양계장을 하던 농부는
아내로부터 "당신은 이제 사랑의 표현을 하지 않는군요."
라는 말을 들었습니다

충격을 받은 그는 20만개의 달걀에
"마리아, 당신을 사랑합니다."라는 문구를 써서
자신의 사랑을 표현 했답니다
사랑의 표현은 가장 큰 사랑의 방법이죠

사랑이 충만하면 바람이 불어도 외롭지 않을 겁니다

연육교

섬과 육지를 이어주는 다리
이 다리가 없을땐 배를 타고
어렵고 힘들게 가던 그곳을
차로 달리니 금방 닿는다.
가고 싶을땐 언제든 갈수 있다.

당신과 나는?
우리 사이에 튼튼한 연육교가 있는가?
아니면 언제든 끊어질수 있는
아슬아슬한 줄에 매달려 있는가?
언제든 당신에게로 갈 수 있을까?

〈사옥도와 증도를 이어주는 다리〉

2014/11 오늘아침 신안

오늘아침 in 207

귓가를 속삭이듯 스치는
바람 소리에도

아침햇살에 흔들리는
잎들의 반짝이는 소리에도

민감하게 날이 선 나의 감성이
눈가를 촉촉하게 하는 계절

부드럽게 감싸주는 빛의 사랑으로
하루를 견뎌낼 힘을 얻는다

────────────── 2017/10 오늘아침 동네 산책길

오늘아침 in 209

2016/11 오늘아침 강양항

파도

순간순간 꿈꾸는
작은 소망들이 있다

아스라이 바라보는 눈동자엔
그리움이 잠겨있다

간절히 바라는 "바람"이
머무는 곳

기다림의 시간이 모여
커다란 파도로 덮칠때

마음속 상처를 씻어내며
흘러 내린다

다시 꿈꾸는 나의 바람이
이뤄질거라는 기대를 주며

더 이상 갈수 없는 육지의 끝
조금만 더 걸어 가면 차가운 바닷물에 발을 적실지도 모른다
파도는 더이상 오지 말라고 경고하는 듯이 자꾸만 밀려온다

거센 파도에 배들은 발이 묶이고
갈매기 조차 바람에 밀리는지 날지 않는다
저 멀리 밀려오는 파도를 멀미가 나도록 바라본다
멍하니 울렁거림을 느끼던 어느 순간
오늘의 첫 햇살이 수평선 위로 비친다

그 햇살은 구름위로 올라갔다가 바다로 반사되어
내 머리카락 사이로 내려온다
서서히 내 얼굴과 온 몸을 적시고 나를 빛나게 한다

그 잠깐의 스침이 내 영혼의 맑음을 선물한다

오늘아침 in 213

2015/4 오늘아침 김천 연화지

낙화

보내야 될 때
떠나야 될 때

아쉬움에 옷자락 놓지 못하고
마음 졸이는데
야속한 바람
언지나 앞장선다

한결 한결
쏟아져 내리는 마음

어느 봄날에도
기꺼이 황홀했던
낙화의 순간들

흩어지는 꽃잎 속에
이제는 그대를 보낸다

벚꽃엔딩

잠시의 화려함은
덧없이 떨어지고
못다한 말들은
미련처럼 떠도네

꽃을 보낸 나무는
초록으로 빛날테니
아쉬운맘 부디 접고
아름답게 떠나야지

— 김천 연화지 마지막 벚꽃

오늘아침 in 217

너와 해보고 싶은 것들

바닷가를 맨발로 걷기, 나 잡아봐라
-아이처럼 순수한 모습을 발견할 수 있겠지

손 꼭잡고 영화 보기
-손 끝으로 전해지는 사랑의 떨림을 교감하며

일출과 일몰속에 붉게 물든 서로의 얼굴 바라보기
-사랑에 깊이 물든 마음을 알게 될거야

목적지 없이 드라이브하다 길 잃어보기
-상황에 대처하며 신뢰의 마음이 생기겠지

기차가 다니지 않는 철길위를 나란히 걷기
-평형감각을 테스트 해보는 거지

낯선 오지에서 배낭 메고 오래 걷기
-서로를 의지하게 될거야

기차여행 하며 어깨에 기대어 잠들기
-세상에서 가장 달콤한 잠을 자겠지

아이스커피에 빨대 두개 꽂고 함께 마시기
-세상 제일 친근감이 들게 되겠지

――――――――― 2019/4 오늘아침 아이스커피

오늘아침 in 219

2019/3 오늘아침 울릉도

여행은
사람을 만나는 것

이른아침 어두운 산길을 함께 오르고
동해에 떠오르는 태양을 보며
함께 환호했던 여행길에 만난 친구
그 순간 그곳에 함께 했다는 단 하나의 이유로
충분히 정다운 친구

사람 없는 텅 빈 마을버스를 타고
구불구불 좁은 산길을 내려오는 동안
울릉도는 발품을 팔아야 제대로 볼 수 있다며
깃대봉의 가을 풍경 사진을 보여 주는 기사아저씨

사람 구경하기 힘든 비수기에
오지를 찾아 온 여행자에게
밥은 한끼 먹여야 된다며
새로 밥을 지어 주시는 식당 아주머니

택시도 없는 마을
숙소로 가지 못해 애태울 때
직접 태우러 와 준 호텔 직원

울릉도의 역사와 삶의 모습을 리얼하게 설명하며
55년만에 일주도로 개통의 벅참에 눈시울 적시던
문화재해설사

그리고 울릉군청의 직원들
승선권 발권히 주던 아가씨
오징어 팔던 아주머니의 풍성한 인심까지

#사람이 꽃보다 아름다운 울릉도

밤이 되면 빛은 사라지고
어둠만이 남는다
우리는 인공 빛에 의지해 세상을 본다
밤이 밤다움이 사라진 것이다

가끔은 어두움에서 느낄 수 있는
세상을 그리워한다

흐린날은
흐리게 보이는 세상이 아름답다
비오는 날은
물에 젖은 세상이 아름답다
눈이 내리면
하얗게 덮인 모든것이 아름답다

가려 주고, 덮어 주고, 씻어 주는
그런날이 있기에
우리는 아직도 함께 반짝일 수 있다

#때로는 눈물이 필요하다.

2019/4 오늘아침 경주

오늘아침 in 223

2016/9 오늘아침상주 구절초

배경이 되어 준다는 것

나란히 함께 가는 우리
함께 걸어 간다고
같은 곳에 있다고
똑같이 빛나지는 않는다

스포트라이트는 한 곳에 집중 되고
주변의 것들은 실제보다 흐리게 보인다
그렇다고 그 실체가 흐려지는 것은 아니다
무엇을 비추느냐에 따라 달라지는 법

중요한 것은
너에게 빛이 들어올 때
나는 기꺼이 아름다운 배경이 되어 주리라

함께 있는것 같은데
함께 있을 수 없고

같은 생각을 하고 있는것 같은데
아닐지도 모르고

그래도 그것이 사랑이라면
나는 또 다시 꽃이 되고싶다

척박한 땅에 자리잡은 이유로
힘들게 피었다 지는 봄날의 바람꽃이

2019/3 오늘아침 금오산 바람꽃

만약
한번뿐인 오늘이

소중한 날이었다면
어떻게 오늘을 기억할까

오직
한번뿐인 하루

한번뿐인 하늘
한번뿐인 바람

한번뿐인 눈빛
그리고

#한번뿐인 그 말
사랑한다는…

2019/1 오늘아침 눈 내리는 금오산

눈이 온다

어린시절엔 함박눈이 펑펑 내리면
벙어리 털장갑 끼고 눈사람 만들며 신나게 놀았다

잠든 사이 소리없이 눈이 내린 날
문을 열면 담벼락처럼 쌓인 눈 말고는
아무것도 보이지 않아서 "와"하며 신기해하던
그런 아침이 있었다

첫눈에 의미를 부여하며 추운 거리를
하염없이 걸었던 우리들의 모습
겨울엔 눈이 있어서 행복했던 그때가 생각나는 아침이다

그런 눈은 이제 만나기 힘들것 같다
미래의 우리 아이들에게 눈을 설명해 주어야 할지도
모른다는 생각을 하며 모처럼 내리는 눈을 바라본다

2017/9 오늘아침 소나기

운명처럼 그리운 사람

그저 늘 그리운 사람
삶의 모습이 늘 그리운 사람이 있습니다

한 번을 만났어도
수 십 번 아니 수 백 번을 만났어도

가슴 한 촌에 삼킬 수 없는 가시처럼
아픈 사람이 있습니다

문득 무심히 스치는 안부가
또 다시 그리움 되어

알 수 없는 생의 한가운데
내 영혼을 방황하게 합니다

비오는 날의 풍경

가끔은 도망치고 싶을때가 있다
지긋지긋 반복되는 일상
거울속에 비친 지친 내 모습
자꾸만 떠 올라 어지럽히는 너의 생각들

이런 것들로 부터 도망치고 싶을때
내리는 비가 파도에 씻긴 모래처럼
마음을 깨끗하게 지워준다
그리고 새롭게 다시 쓴다

똑같은 일상이 아니라 다른 세상임을
다른 하늘 다른 바람 다른 문도 있음을
퐁퐁 솟아나는 감성에 다시 촉촉해진 내 모습
이런 것들이 내게 소중한 의미임을

#그럼에도
여전히 옆에 있음에 고마운 사람

2014/6 오늘아침 유리창엔 비

비 오는 날 만날까요?

비가 내리는 날은
하늘과 땅이 더 가까워 진다

구름은 산등성이를 따라
마을로 내려 오고

그리운 마음은 용기를 내어
수줍은 입맞춤을 한다

비를 타고
그렇게 하늘과 땅이 만난다

#비가 오면
네가 보고 싶은 이유

2017/10 오늘아침 울진금강송길

오늘이 마지막인 것처럼
살지 않으려 합니다

오늘이 마지막인 것처럼
초조해하지 않으려 합니다

이 가을이 마지막인 것처럼
서러워하지 않으려 합니다

많은 가을이 풍성함이었고
많은 시간이 행복이었음을 고백 합니다

그리하여 가려는 가을도
기꺼운 미소로 떠나 보내고

소중한 오늘도 편안하게
흘러 가도록 그리 두려 합니다

#빛을보다

늘 가까이 있어서 모르고 지냈던 빛

마주보고 서니 네가 보이네

이토록 아름답게 비춰주고 있음을

2015/5 오늘아침 오도산

오늘아침 in 237

무언가 모를 설렘
그리고 열정적인 사랑
이어지는 끝없는 배려
나아가서 희생이라 느껴지는 서운함
그 뒤에는 이별인 줄 알았는데
다시 설렘이더라

2016/11 오늘아침기장오랑대

가장 빛나는 순간이 있다
가장 좋을 때가 있다
그러나 매 순간이 가장 빛날 수는 없다
어둡고 무언가 답답할 때
소리없이 기다리는 법을 배워야 한다

#다시 찾아 올 가장 빛나는 순간을 위하여

지리산 아래 시인의 마을

산을 하나만 넘으면 되는데
태양은 어찌나 더디게 오는지
한참을 서성이고 있어도 보이지 않는다
여명빛만 마음 설레게 퍼진다

시인의 집 마당에는
토종매화가 만발하여
새벽공기에 향기를 토해 내고
경쟁하듯 지저귀는 작은 새들의 소리가
귀를 간지럽힌다

봄향기에 이끌리어 나왔지만
아직은 차가운 새벽바람에
다시 그대가 그립다

새 봄에는 새로운 마음으로
처음의 설렘으로
새롭게 만나자

2019/3 오늘아침 광양 매화마을

오늘아침 in 241

나의 모든 오늘아침은
기다림으로 시작 합니다
그리고 그 아침은 매 순간
행복입니다

#당신의 으늘아침은 어떤가요?

오늘아침

초판 1쇄 발행 2019년 7월15일

지은이　안은미
펴낸곳　도서출판연우
이메일　mylovedmsal@hanmail.net
주　소　경북 구미시 구미중앙로 45길 18
전　화　010-9944-4511
ISBN 979-11-960840-5-9

*이 책은 저작권법에 따라 보호받는 저작물이므로 무단전제와 복제를 금하며, 이 책의 일부 혹은 전부를 이용하시려면 반드시 양측의 서면동의를 받아야 합니다.
*이 도서의 국립중앙도서관 출판시도서목록(CIP)은 서지정보유통정보시스템 홈페이지(http://seoji.nl.go.kr)에서 이용하실 수 있습니다.
* 잘못된 책은 바꾸어 드립니다.
* 책값은 뒤표지에 있습니다.